La conexión entre tu fe y tu mente

Leroy Hayes

La conexión entre tu fe y tu mente

First Edition: 2023

ISBN: 9781524318628
ISBN eBook: 9781524328610

© of the text:
　Leroy Hayes

© Layout, design and production of this edition: 2023 EBL

All rights reserved. No part of this publication may be reproduced, distributed, or transmitted in any form or by any means, including photocopying, recording, or other electronic or mechanical methods, without the prior written permission of the Publisher.

*Haz hoy aquello que tu
futuro te agradecerá.*

Sean Patrick Flanery

Table of Contents

La conexión entre tu fe y tu mente 9

Introducción 11

Cómo sacar el máximo partido a este libro 13

La fe nunca es el problema 17

Vivir la fe no es opcional para un cristiano...... 19

Todos tenemos fe 21

¿Ha llegado la fe o está por llegar? 25

Detectando tu problema.................................... 31

Ajustando tu futuro nivel de éxito 35

¿Cuál es la conexión entre tu pensamiento
y tu fe? 37

La esperanza es el plano de tu vida................... 39

Tu pensamiento regula el termostato de
tu vida 41

¿Necesito desarrollar mi fe? 43

Cómo ser fuerte en la fe 47

El único problema del cristiano 51

La fe y la creencia... 57

La conexión entre tu fe y tu mente

Salvo indicación en otro sentido, todas las citas de las Sagradas Escrituras están tomadas de la *New King James Version Bible in Spanish*, consultada en https://www.viaveritasvita.info/Bibles. Todos los derechos reservados.

Las citas bíblicas marcadas con NLT están tomadas de la *Santa Biblia, Nueva Traducción Viviente, versión en castellano para América Latina*, consultada en www.BibliaNTV.com. Todos los derechos reservados.

Introducción

Es frustrante y agotador intentar alcanzar todo lo que Dios te ha llamado a ser pero encontrar tantos obstáculos en la vida que te lo impiden. Siempre parece que algo te frena, aparece cuando menos lo esperas y sabotea tus sueños. Para colmo, no tienes ni idea sobre cuál es el problema ni tampoco sobre cómo resolverlo.

Bueno, así estuve yo en su momento. Es decir, hasta que Dios me reveló cuál era mi problema y lo que necesitaba para superarlo.

¿Entiendes? Yo pude *superar* mi problema. Verás, Dios nos ha creado de forma que se supone que debemos —y podemos— superar nuestros problemas renovando nuestra mente en Su Palabra.

Gracias a esta comprensión, he podido vencer algunos obstáculos en mi vida que pensé que nunca superaría. Sin embargo, todos estamos en continua evolución, y debemos trabajar a diario en nuestra propia salvación con la ayuda del Señor.

Con este libro, ruego al Altísimo que me permita mostrar a los elegidos de Dios cuál es su problema, cómo reconocerlo y cómo solucionarlo. Creo que una vez que el lector descubra este problema, común a todos los cristianos, revolucionará cada área de su vida. De hecho, esta realidad controla y determina el curso de toda nuestra existencia. Por lo tanto, vale la pena esforzarse en solucionarlo

Cómo sacar el máximo partido a este libro

> *Cuando alguien oye la palabra del reino y no la entiende, entonces viene el malvado y arrebata lo que había sido sembrado en su corazón. Este es el que recibió la semilla en el borde del camino.*
>
> Mateo 13:19

Si no entiendes algo, pierdes interés en ello y finalmente lo olvidas. Si olvidas la Palabra, entonces no puedes *hacerla*, no la puedes vivir, lo cual, según el Apóstol Santiago (1, 25), es bastante importante:

> *Pero el que observa cuidadosamente la ley perfecta de la libertad y persevera en ella, y no es oyente olvidadizo sino hacedor de la obra, ése será bienaventurado en todo lo que haga.*

Sólo los que permanecen en la Palabra y la ponen en práctica se santifican por ella.

En la Segunda Carta a Timoteo dice el Apóstol (2, 7): *Considera lo que digo, y que el Señor te dé entendimiento en todo.*

En otras palabras, *piensa*. Imagínate a ti mismo viviendo la Palabra y recibiendo la promesa, y el Señor te concederá plena comprensión y entendimiento en todo.

La mejor manera de alcanzar la comprensión de lo que se lee o escucha es estudiarlo a fondo, hasta que tú mismo puedas enseñarlo. Si no puedes enseñar lo que has leído o escuchado, es que aún no lo entiendes del todo. Recordemos que la cantidad de tiempo y esfuerzo que dediquemos a la Palabra constituirá la medida de lo que obtengamos de ella.

Algunas preguntas que se responden en esta obra:

- ¿Debería buscar más fe?
- ¿Necesito desarrollar mi fe?
- ¿Crece mi fe?
- ¿Mi fe es débil?

- ¿Cómo puedo sacar más provecho de mi fe?
- ¿Qué determina el alcance de mi fe?
- ¿Por qué no puedo llegar más lejos en la vida?
- ¿Por qué no puedo recibir más, hacer más o experimentar más bendiciones de Dios?
- ¿Por qué no puedo curarme?
- ¿Cuál es la causa de mi enfermedad?
- ¿Por qué me quedo corto en algunos aspectos de mi vida?
- ¿Me basta la fe para ser digno de recibir las promesas de Dios?
- ¿Cómo y cuándo me alejo de Sus promesas?
- ¿Cuál es ese problema que afecta a todas las facetas de mi vida?
- ¿Cómo puedo conseguir más control sobre mi vida?
- ¿Cómo puedo experimentar más paz en mi vida?

La fe nunca es el problema

Invariablemente, cuando los cristianos afrontan problemas y no saben cómo solucionarlos, piensan de inmediato que la causa está en su fe. Se dicen: "Necesito más fe. Necesito encontrar más fe", o rezan rogando a Dios que aumente su fe.

Si no sabes cuál es tu problema ni tampoco cómo solucionarlo, entonces el problema te controla, ejerce cierto poder sobre ti.. Sin embargo, si descubres cuál es y cómo solucionarlo, entonces *tomas el control sobre tu propia persona.*

La fe nunca es el problema. Al igual que la humedad implica la presencia de agua, la fe viene dada por ser cristiano. Cuando escuchaste y abrazaste el evangelio de Jesucristo, la fe vino como un regalo de Dios, que te permitió entregar tu vida al Señor. Esa fe es lo más grande que recibirás en esta vida.

Has recibido la fe. Déjate empapar por ella.

Vivir la fe no es opcional para un cristiano

Pero sin fe es imposible agradar a Dios, porque el que se acerca a Dios debe creer que Él existe, y que recompensa a los que le buscan con diligencia.

Hebreos 11:6

El autor de la Carta a los Hebreos asegura que para agradar a Dios debemos creer en Él aunque no podamos verlo. En otras palabras, vivir la fe no es opcional para un cristiano si pretende triunfar en este mundo. También en Romanos 1, 17 se nos dice: *El justo vivirá por la fe.*

La fe nos proporciona todo lo necesario para enfrentarnos victoriosos al mundo, porque nos beneficiamos de lo que Cristo ya hizo por nosotros. En Gálatas 4, 7 se nos dice que somos hijos de Dios, y si somos hijos, entonces también herederos. Esto significa que todo lo que Cristo ha hecho y ha logrado nos pertenece. Esto es una realidad en nuestras vidas gracias a la fe en Cristo. También en Romanos 5, 2 se dice que por medio de Él, *tenemos acceso por la fe a esta gracia, en la que nos mantenemos firmes*.

Por tanto, continúa creciendo en la fe, y examínate cada día para asegurarte de que entiendes cómo caminar y vivir según la fe y de acuerdo con la ley de Dios (v. Rom. 3, 27).

Todos tenemos fe

Sean realistas al evaluarse a ustedes mismos, háganlo según la medida de fe que Dios les haya dado.

Romanos 12, 3

Todo el mundo tiene cierta fe natural. Nos guiamos por nuestros sentidos, lo que podemos ver o sentir. Pero los que hemos vuelto a nacer a la vida del espíritu contamos con una fe sobrenatural, con la que creemos incluso cuando no disponemos de evidencias según nuestros cinco sentidos físicos. Es una fe extrasensorial que viene de Dios. Y así, el Apóstol Pablo escribe esto dirigido a personas que han puesto su fe y confianza en Jesucristo:

Con Cristo estoy crucificado; y sin embargo, vivo, pero no yo, sino que Cristo vive en mí; y la vida que ahora vivo en la carne, la vivo por la fe del Hijo de Dios, que me amó y se entregó por mí.

Gálatas 2, 20

Verás, no es nuestra fe la que sostiene nuestra vida. La fe que alienta nuestro espíritu convertido es la fe de Jesús, la misma que permitió a Pedro caminar sobre el agua. Siendo imposible según las leyes de la naturaleza, con la fe todo es posible. Pedro mismo nos asegura que los que hemos nacido de nuevo según el espíritu *hemos alcanzado una fe tan preciosa*, la misma que le permitió caminar sobre el agua (v. 2 Pedro 1, 1).

El Apóstol no nos indica que necesitamos buscar más fe u orar pidiendo más fe. ¡Ya hemos alcanzado la fe vencedora del mundo!

Así, ahora sabemos que hemos recibido la fe de Jesús en nuestro espíritu renacido. Es una fe ilimitada y todopoderosa. Nunca falla ni se degrada ni se debilita de ninguna manera porque, después de todo, es la fe de Jesús.

> *Porque os aseguro que si tenéis fe como un grano de mostaza, diréis a este monte: "Muévete de aquí para allá", y se moverá; y nada os será imposible.*
>
> Mateo 17:20

Jesús nos está diciendo que nos basta tener fe en cantidad equivalente a una semilla de mostaza para superar cualquier problema que debamos afrontar en la vida. Esta fe del tamaño de un granito de mostaza aniquilará cualquier enfermedad, cualquier dolencia, cualquier pobreza o carencia, y cualquier adversidad u oposición durante nuestra vida en la tierra.

Esta fe del tamaño de un grano de mostaza nos traslada al reino donde todo es posible.

Sin embargo, tú tienes mucha más fe que esa semilla de mostaza, porque hizo falta una *gran* fe para que te convirtieras en una nueva criatura en Cristo Jesús.

¿Ha llegado la fe o está por llegar?

Así que la fe viene por el oír, y el oír por la palabra de Dios.

Romanos 10:17

Este pasaje de la Escritura interpretado fuera de su contexto puede llegar a suponer un problema en la vida de un cristiano. Si no se lee el pasaje completo, cualquier creyente podría pensar que debe seguir leyendo —o escuchando— la Palabra de Dios si quiere obtener más fe. Sin embargo, podemos señalar otros versículos bíblicos que dicen (aparentemente) lo contrario.

En mi experiencia, solía pensar que si me mantenía a la escucha de la Palabra, obtendría más fe. Así de sencillo. Pero esta idea me llevaba a una búsqueda perpetua de más fe. Y así, cuando me enfrentaba con un problema, pensaba que debía buscar más fe a través de la Palabra. Caía en este círculo vicioso mientras que, en mi interior, ya tenía toda la fe que necesitaba para resolver cualquier problema.

Me explico: todo lo que necesitaba era esa fe del tamaño de un grano de mostaza, pero yo ya disfrutaba de mucha más fe que eso. El problema radicaba en que no era capaz de utilizar esa fe porque no me daba cuenta de que ya la tenía o de que tenía *la suficiente*. Este concepto de que "la fe viene por el oír", entendido fuera de contexto, me llevó durante mucho tiempo a sostener una búsqueda incesante de más fe, pero esta búsqueda implicaba que yo no confiaba realmente en la fe que ya tenía.

Si te fijas bien, el pasaje que enmarca a este versículo habla de la fe para la salvación. Es decir, cuando aceptaste el evangelio de Jesucristo, Dios te dotó de fe y recibiste la salvación (v. Ef. 2:8). Vino a ti la fe de Jesús, lo suficientemente poderosa como para originar el mayor milagro que puedas experimentar en tu vida.

Ahora veamos ese versículo en su contexto:

> *Si confiesas con tu boca al Señor Jesús y crees en tu corazón que Dios lo ha resucitado de entre los muertos, te salvarás. Porque*

con el corazón se cree para justicia, y con la boca se confiesa para la salvación. Porque la Escritura dice: "El que cree en Él no será avergonzado".

Porque no hay distinción entre judío y griego, pues el mismo Señor Todopoderoso es rico para todos los que lo invocan. Porque "todo el que invoque el nombre del Señor se salvará".

¿Cómo, pues, invocarán a Aquel en quien no han creído? ¿Y cómo creerán en Aquel de quien nada han oído? ¿Y cómo oirán sin que alguien les predique? [...].

Así que la fe viene por el oír, y el oír por la palabra de Dios.

Romanos 10, 9-14, 17

Entonces, ¿significa esto que no necesitamos seguir escuchando ni leyendo la Palabra de Dios si ya hemos recibido la fe? Por supuesto que no. Cuanto más conozcas y esperes lo que se te revela en la Palabra, más frutos dará en tu vida la fe recibida.

Verás, incluso habiendo alcanzado la fe, necesitarás conocer la revelación, las verdades que habían permanecido ocultas a tus ojos y que mediante la revelación ahora eres capaz de *ver*. A través de la Palabra, se nos revela la imagen divina. La Biblia llama a esto "esperanza". Sin esperanza —esa imagen divina de lo que te pertenece en Cristo— la fe no tiene nada para materializarse en tu vida.

En Hebreos 11, 1 se dice: *Ahora bien, la fe es la sustancia de lo que se espera, la evidencia de lo que no se ve.* Has oído decir que la fe comienza donde se conoce la voluntad de Dios. Pues bien, este es el origen de esa afirmación. Y la esperanza proporciona a la fe la base para actuar en tu vida.

Una vez que la voluntad de Dios se te revela dándote esperanza, pintando un cuadro en tu corazón y mostrándote lo que tienes, quién eres, y lo que puedes hacer en Cristo Jesús, entonces la fe, que ya está presente en tu espíritu por la conversión, puede llenar tu vida y darle todo su contenido.

Simón Pedro, siervo y apóstol de Jesucristo, a los que habéis alcanzado una fe tan preciosa como la nuestra por la justicia de nuestro Dios y Salvador Jesucristo: Gracia y paz os sean multiplicadas en el conocimiento de Dios y de Jesús nuestro Señor; según su divino poder, Él nos ha dado todas las cosas que pertenecen a la vida y a la piedad, mediante el conocimiento de aquel que nos llamó por su gloria y virtud, [...]

2 Pedro 1, 1-3

Aquí, el apóstol Pedro nos asegura que cada uno de nosotros verá cubiertas sus necesidades materiales y obtendrá por la gracia de Dios todo lo que necesita para crecer espiritualmente cuando acceda a la Palabra a través de la fe. La misma idea se repite en otros pasajes de la Escritura:

Tenemos acceso por la fe a esta gracia en la que nos mantenemos firmes y nos alegramos en la esperanza de la gloria de Dios.

Romanos 5, 2

Así pues, hermanos, os encomiendo a Dios y a la palabra de su gracia, que es capaz de edificaros y darnos una herencia entre todos los santificados.

Hechos 20, 32

Y también en Hebreos 4, 2 se asegura que solamente cuando se recibe con fe la Palabra (el conocimiento de Dios que la esperanza proporciona), ésta te aprovechará.

Cuanto más esperes y mejor conozcas lo que se te revela en la Palabra, más fruto dará la fe en ti.

Para entender y recordar bien esta idea, te brindo una comparación muy expresiva: la esperanza extiende el cheque y la fe lo cobra.

Detectando tu problema

Si la fe —o la falta de fe— no es tu problema, ¿entonces cuál es? Y lo que es más importante, ¿cómo se puede solucionar?

Hijo mío, presta atención a mis palabras; inclina tu oído a mis razones. No dejes que se aparten de tus ojos; guárdalas en el centro de tu corazón; porque son vida para quien las encuentra, y salud para toda su carne. Guarda tu corazón con toda diligencia, porque de él surge la vida.

Proverbios 4, 20-23

Este "corazón" del que habla la Escritura se puede referir tanto al espíritu como al alma. No estamos hablando ahora de tu alma inmortal, tu verdadero ser. Esa persona fue sellada por el Espíritu Santo cuando fuiste salvado (v. Ef. 1, 13). Es perfecta, no puede pecar y es idéntica a Jesús. Estamos hablando de la parte de tu alma que alberga tu mente, tu voluntad y tus emociones. Este proverbio está hablando de tu pensamiento. Entonces, si sustituimos en él "corazón" por "pensamiento", entenderemos mejor su sentido, su significado más profundo:

> *Guarda tu corazón* [tu pensamiento] *con toda diligencia, porque de él surge la vida.*

Tus acciones son el resultado directo de tu forma de pensar. En otras palabras, no puedes actuar de forma diferente a como piensas o te ves a ti mismo. Tu vida sigue el camino que has pensado. Tus acciones siempre reflejarán tu mentalidad y tus ideas. Tus decisiones y acciones están fomentadas y regidas por tu forma de pensar. En los Proverbios, 23, 7, también se dice que cada uno *es* como *piensa*. Otra forma de expresarlo es que tu pensamiento crea o configura tu carácter y tu personalidad.

Las cuestiones a las que te enfrentas pueden ser positivas o negativas. Es decir, son sólo circunstancias que aparecen en tu vida; simplemente están ahí. Sin embargo, la *razón última de la presencia de determinadas circunstancias o* problemas en tu vida es tu forma de pensar o tu manera de entender la vida.

Puedes afrontar circunstancias como la enfermedad o la salud, la pobreza o la riqueza, el miedo o la paz, el odio o el amor, la presencia o ausencia de armonía en tu matrimonio, el fracaso o el éxito, etc. Estos acontecimientos no tienen su origen en tu cónyuge, ni en tu jefe, ni en el presidente, ni en tus padres. No, todo esto viene generado por tu pensamiento. O en otras palabras:

Guarda tu pensamiento por encima de todo, porque determina el curso de tu vida.

Con esto se quiere decir que si no estás contento con tu trayectoria vital, con "el curso de tu vida", es por tu forma de pensar, por las imágenes en las que te fijas a diario, por los pensamientos en los que te centras o por las imaginaciones que invocas en tu mente.

¡Ministro de Dios! ¡Tu forma de pensar determinará el resultado de tu vida y también el de tu iglesia!

¿Cuántas veces has escuchado que «la batalla se gana o se pierde en tu mente»? Esta frase quiere decir que debes considerar el control de tu pensamiento como una prioridad en tu existencia porque de ahí saldrá tu vida.

Tu corazón (es decir, tu pensamiento) controla tu vida. Gobierna tu vida y marca hasta dónde llegarás en ella Si estás bloqueado en un cierto nivel de superación personal y parece que no puedes avanzar a pesar de tus esfuerzos, entonces puede que necesites replantear tus ideas para superar la parálisis y alcanzar nuevos retos. Medita esto. Tu forma de pensar hasta ahora te ha traído a este punto actual en la vida. Con esto se comprueba como lo que pensamos determina nuestra trayectoria.

Pero para ir más allá, necesitarás *ideas diferentes,* una *nueva forma de pensar*. Esta renovación de tu mente te proporcionará un nuevo punto de partida.

Tu pensamiento establece las condiciones de tu vida y configura tu realidad. Tu corazón o tu forma de pensar determinará si eres pobre o rico, enfermo o sano. Determinará si eres un fracaso o un éxito en la vida.

Ajustando tu futuro nivel de éxito

Hemos visto que evolucionamos en la vida hasta el grado o nivel que nuestra mente establezca. Por lo tanto, somos responsables de establecer el nivel al que queremos que llegue nuestro proyecto personal.

> *Amado, te ruego y deseo que prosperes en todo y tengas salud, así como prospera tu alma.*
>
> 3 Juan, 2

La verdadera diferencia entre un hombre pobre y uno rico está la forma de pensar. También se podría decir lo mismo de la diferencia entre una persona enferma y una sana. Si aplicamos lo dicho en Proverbios 4, 23, estos son asuntos que tienen su raíz y dependen de tu corazón o de tu forma de pensar.

Ahora bien, ¿has notado que este versículo de la Tercera Epístola de Juan no menciona nada sobre la fe? Eso es porque Juan se dirige a los cristianos que ya tienen la fe de Jesús por la conversión de sus almas.

Verás, hay una conexión entre fe y pensamiento. Tu pensamiento puede hacer que tu fe se eleve a nuevas alturas o puede limitar seriamente su potencial en tu vida.

¿Cuál es la conexión entre tu pensamiento y tu fe?

Recordemos la cuestión que discutimos antes: ¿por qué necesitamos seguir leyendo o escuchando la Palabra de Dios si ya hemos recibido la fe? A medida que sigas leyendo, iremos aclarando este punto. Así pues, profundicemos un poco más en la Palabra.

> *Ahora bien, la fe es el sustento de lo que se espera, la evidencia de lo que no se ve.*
>
> Hebreos 11, 1

Dios dispuso la fe para que fuera nuestro sustento a partir de las cosas que esperamos. O se podría decir que el conjunto de tus pensamientos, imaginaciones y tu visión de la vida, el tesoro de tu corazón (que se convierte en tu esperanza), regido por la fe, te van conformando cada vez que la pongas en práctica porque es designio divino.

> *Una persona buena produce cosas buenas del tesoro de su buen corazón; y una persona mala produce cosas malas del caudal de su mal corazón.*

Mateo 12, 35 NLT

Tu esperanza constituye tu tesoro, tu capital, "tu patrimonio". En el haber de un buen corazón están los buenos pensamientos, y en el de un corazón maligno se encuentran los malos.

La existencia de cada persona al completo emana del patrimonio de su corazón o de su forma de pensar. Con lo que tiene almacenado en su interior toma todas sus decisiones en la vida.

La esperanza es el plano de tu vida

Si quieres construir la casa de tus sueños, lo primero que necesitas es elaborar el proyecto, el plano del edificio. Después, tendrás que contratar a un constructor para que edifique la casa según las especificaciones de tu plano.

En tu vida espiritual, tu plano es la esperanza, y tu constructor es la fe. Al igual que un contratista serio y de confianza, la fe construirá la casa de tus sueños exactamente según tus especificaciones, porque se guía por el plano que le has proporcionado. Cuando tu casa esté terminada, si por alguna razón no estás satisfecho con el resultado final, no puedes enfadarte con el contratista, porque ha construido la casa de tus sueños de acuerdo con las especificaciones del plano que has elaborado.

Jesús dijo: *Que se haga conforme a vuestra fe* (Mateo 9, 29). En otras palabras: cualquier esperanza, idea, visión o imaginación que tu pensamiento aporte servirá de base a la fe para operar en ti, para dar fruto y ser el sustento de tu vida.

Tú trazas los planes —o el plano o el mapa— de tu vida con tus pensamientos, tu imaginación, tu esperanza (con el caudal de tu corazón, sea bueno o malo). Y con eso, tu contratista la construirá para ti.

Así que, como puedes comprobar, tu fe nunca es tu problema. Es tu corazón o tu forma de pensar. Ahí está el problema, pero también está la solución.

La fe (v. Rom. 3, 27) siempre está actuando en tu vida, para tu beneficio o en detrimento de tu persona, porque la fe siempre sigue lo que está diseñado en tu plano. Se nos advierte que guardemos nuestros corazones porque la fe es el origen de todas las cuestiones relativas a nuestras vidas.

Para que la conexión entre la fe y nuestro pensamiento esté aún más clara, quiero compartir con el lector otro ejemplo.

Tu pensamiento regula el termostato de tu vida

Casi todos estamos familiarizados con nuestra unidad doméstica de aire acondicionado. Básicamente se compone de un termostato y de la unidad de potencia o compresor. Cada cual establece la temperatura ambiente de su casa ajustando el nivel en el termostato, el cual envía una señal a la unidad de potencia para que suministre la temperatura requerida. La unidad de potencia siempre la suministrará porque ha sido diseñada por el fabricante para funcionar así. Pero tú eres el encargado de ajustar el termostato. Si quieres calor, lo ajustas para calefacción; si quieres frío, lo pasas a refrigeración.

¿Qué relación tiene esto con lo que estamos hablando aquí? Bueno, en tu vida, tu esperanza es el termostato, y la fe es la unidad de energía. Recuerda que tu esperanza engloba tu pensamiento, tu visión, mentalidad e imaginación. En lo que sea que pongas tu pensamiento (tu esperanza), tu fe trabajará hasta que transforme tu vida, siempre y cuando perseveres en esa esperanza.

Debes mantener la esperanza y luego perseverar hasta que tu entorno cambie. Tu fe dará su fruto a partir de tu esperanza porque el Creador la dispuso precisamente para esto.

Si no te agrada la temperatura de tu casa, la puedes regular a tu gusto: (más o menos) caliente o fría. Si no te gusta la *temperatura de tu vida*, reajusta *tu termostato*. Tú eliges el curso de tu vida a través de lo que piensas o meditas. Tengamos claro que prestamos atención a lo que ocupa nuestra mente.

Determinas tu vida por las cosas que piensas. Por lo tanto, debes elegir aquellas ideas que favorezcan tu éxito. Y lo que deposites en tu corazón se revelará al mundo.

¿Necesito desarrollar mi fe?

Tu pensamiento limita el potencial de tu fe.

Algunas personas piensan que la fe, ya presente en su espíritu por la conversión, necesita ser desarrollada, evolucionar. Razonar de esta manera origina dudas, porque no están convencidos de que su fe realmente vaya a dar su fruto. Tienen siempre presente la idea de que tal vez si desarrollaran su fe solo un poco más, podrían lidiar mejor con sus circunstancias. Se trata de una noción peligrosa, de la cual el diablo siempre se aprovechará si puede.

La fe de Jesús que llena tu espíritu renacido nunca necesita ser desarrollada. Solo hay que hacerse la siguiente reflexión: la fe que recibes cuando escuchas el evangelio y aceptas a Jesús como tu Señor y Salvador es más que suficientemente poderosa y desarrollada, porque ha obrado en tu vida el mayor de los milagros: tu conversión.

¿Te das cuenta de lo raro que suena cuando alguien dice que nuestra fe necesita ser desarrollada?

Somos *nosotros los que necesitamos desarrollarnos*, no nuestra fe.

Pero en la fe podemos ser fuertes o débiles. Esto se entiende mejor con otro ejemplo:

Si desafío a un nadador olímpico bien entrenado y técnicamente perfeccionado a una carrera hasta el final de la piscina, voy a perder. Él se ha entrenado y ha desarrollado su técnica de natación y yo no. Por lo tanto, en el agua, yo soy un nadador mediocre y él es un nadador excelente. Observa que el agua no cambia en absoluto: sigue manteniéndose igual de húmeda, fluida y demás características que le son propias.

La fe nunca cambia. Siempre es todopoderosa e ilimitada y nunca se debilita ni falla. Por tanto, como puedes deducir, una persona puede ser débil en la fe y otra puede ser fuerte en la fe.

La distinta respuesta ante la fe depende de su desarrollo o evolución respecto a ella.

¿Y cuál es el desarrollo del que hablo? Pues siempre el propio, el desarrollo de tu mente, la evolución de tu pensamiento. Si eres mentalmente débil, nunca serás fuerte en el Señor, no podrás apoyarte en el poder de Su fuerza.

Cómo ser fuerte en la fe

Tu fe será tan fuerte como tu pensamiento lo permita.

Por lo tanto, es por la fe para que sea según la gracia; para que la promesa sea segura para toda la descendencia, no sólo para los que son de la ley, sino también para los que son de la fe de Abraham, padre de todos nosotros (como está escrito: "Te he hecho padre de muchas naciones"). En presencia de Aquel en quien creyó: Dios, que da vida a los muertos y llama a las cosas que no existen como si existieran. Él, contra toda esperanza, creyó en la esperanza, de modo que llegó a ser padre de muchas naciones, según lo que se dijo: "Así será tu descendencia." Y no se debilitó su fe, no consideró su propio cuerpo, ya muerto (puesto que tenía unos cien años), ni la muerte del vientre de Sara. No vaciló su confianza en la promesa de Dios por incredulidad, sino que se fortaleció en la fe, dando gloria a Dios, y estando plenamente convencido de que lo que había prometido era también capaz de cumplirlo. Y por eso "le fue atribuido por justicia".

Romanos 4,16-22

Abraham no era de fe débil. Era fuerte en la fe porque creía en "la esperanza", en la imagen que guardaba en su corazón. Recuerda, tu esperanza engloba tu pensamiento, tu visión o tu imaginación. La palabra de Dios pintó un cuadro en el corazón de Abraham. Aunque no cabía esperanza de que la promesa se cumpliera según la naturaleza, esa imagen en su corazón le dio esperanza, lo fortaleció en la fe.

Este pasaje de la Escritura nos dice que Abraham no era débil en la fe por aquello que eligió considerar, o más bien "no considerar". La Biblia nunca dice que Abraham *tenía o no tenía* fe. Aclara que *estaba en la fe*, y luego subraya que no era débil *en* ella.

Recuerda lo que decíamos antes: puedes tener fe, pero puedes ser débil o fuerte en ella según tu pensamiento, de acuerdo con aquello que estimas o valoras. Abraham fue fortalecido en la fe gracias a la esperanza que conservaba en su corazón: la promesa de que él y Sara concebirían un hijo en su vejez.

Dios había dado a Abraham algo en lo que concentrarse, algo para estimular su imaginación. Le dio una esperanza para que se mantuviera anclado en la fe y caminando rumbo a su futuro.

Y así queda recogido en el Génesis (22, 17): *Dios dijo "Te bendeciré, y multiplicaré tu descendencia como las estrellas del cielo y como la arena de la orilla del mar; y tu descendencia conquistará las puertas de sus enemigos".*

Abraham era fuerte en la fe porque mantenía su atención, su mente, en la promesa de Dios. Cada vez que alzaba la vista hacia las estrellas, se acordaba de la promesa. Y cada vez que miraba la arena, se acordaba de la promesa. La esperanza lo mantuvo en el camino hasta que la fe dio su fruto en su vida y en la de Sara, ¡un niño!

El único problema del cristiano

Todos tus logros y tus fracasos son el resultado de tu pensamiento o tu mentalidad. Y los cristianos tenemos en este campo un problema: nuestros pensamientos carnales.

> *Porque los que viven según la carne ponen su mente en las cosas de la carne, pero los que viven conforme al Espíritu, [la ponen] en las cosas del Espíritu. Porque la intención de la carne es muerte, pero la intención del espíritu es vida y paz. Porque la intención carnal es enemistad contra Dios, pues no se sujeta a la ley de Dios, ni puede hacerlo. Así pues, los que están en la carne no pueden agradar a Dios.*
>
> Romanos 8, 5-8

Recuerda lo que se decía en Proverbios 4, 23: *Guarda tu corazón con toda diligencia, porque de él surge la vida.*

Si ya tienes claro que tu problema no es tu fe sino tu pensamiento, debes poner todo tu esfuerzo en renovar tu mente según la voluntad de Dios. Debes enfocarte en entrenar y desarrollar tu mente para que te *beneficie, en lugar* de permitir que lastre tu crecimiento espiritual. Orienta tu pensamiento hacia una vida de buenas obras para que puedas glorificar a Dios.

En nuestra mente se libra una lucha continua —pensamientos espirituales contra pensamientos carnales o mundanos—. Si no estás preparado para dar la batalla, definitivamente la perderás. Verás, si no te preparas para ganar, te estás abocando al fracaso, que es exactamente lo que te sucederá. Como dije antes, esta batalla se gana o se pierde en tu mente. Por lo tanto, debemos mantener alerta nuestra mente para la acción si queremos ganar la guerra contra los pensamientos carnales que solo engendran muerte en nuestras vidas.

La Biblia dice que debemos *derribar las imaginaciones y toda altivez que se rebele contra el conocimiento de Dios, y llevar cautivo todo pensamiento a la obediencia de Cristo* (2 Cor. 10, 5).

Tal vez pienses: "nos pasan por la cabeza miles de pensamientos en el transcurso del día, y Dios nos pide nada menos que capturemos cada uno de ellos y lo sometamos a la voluntad de Jesús para nuestras vidas". ¡Pero, claro, no tienes ni idea de cómo hacerlo! Ten la seguridad de que si Dios nos pide algo, ya nos ha proporcionado la capacidad de hacerlo, con su ayuda. Sólo tienes que creerlo. Debes guardar tus pensamientos, aunque eso implique revisar cada idea que viene a tu mente. Si el pensamiento no es acorde a la voluntad de Dios para tu vida o si pertenece a la mentalidad carnal que conlleva la muerte, entonces deséchalo y reemplázalo con la Palabra de Dios, que produce vida.

Esto puede parecer una tarea inabarcable, pero en realidad es un hábito que se adquiere con la práctica. En otras palabras, tienes que convertir este propósito en tu estilo de vida, y con la debida diligencia, con el fin de reunir en tu corazón ese buen tesoro que producirá tantos beneficios.

Para vivir según Su voluntad, Dios nos indica que desechemos *las imaginaciones y toda altivez* que se rebele contra Su designio. Y debemos abrazar Su voluntad y Sus pensamientos porque aquel que controle tu mente o tu imaginación controlará tu sistema de creencias y, por lo tanto, controlará tu vida. Tu sistema de creencias se compone de las palabras que escuchas, tus ideas y pensamientos básicos o esenciales y las imágenes que llenan tu imaginación.

Tu mente (lo que crees) y la fe deben trabajar unidos, si quieres disfrutar de las promesas del reino.

El error que cometen la mayoría de los cristianos es dar por hecho que creer y tener fe son sinónimos. Pero no lo son. *La fe* es un sustantivo y *creer* es un verbo de acción.

Ya dejamos claro que con la conversión recibimos la fe de Jesús. ¿Pero es esa fe suficiente para ser digno de las promesas? En Hebreos 6, 12 se dice que *por la fe y la paciencia heredamos las promesas.*

Cada vez que se ejercita la fe, siempre interviene la paciencia (también llamada perseverancia): es la que sostiene la labor de la fe en el tiempo hasta que consigues tu objetivo.

En Listra estaba sentado cierto hombre sin fuerza en los pies, tullido desde el vientre de su madre, que nunca había caminado. Este hombre oyó hablar a Pablo. Pablo, observándole atentamente y viendo que tenía fe para ser curado, le dijo con voz fuerte: "¡Levántate sobre tus pies!". Y él saltó y empezó a caminar.

Hechos 14:8-10

Quiero llamar tu atención sobre la clave en este pasaje de los Hechos de los Apóstoles: este hombre tenía fe para ser sanado, y sin embargo, no se podía levantar del suelo, seguía siendo un lisiado —hasta que actuó según esa fe—. Verás, creer es actuar en tu fe. Sin acción, la fe está muerta o no es productiva. Siempre es posible experimentar los efectos de la fe en tu vida, pero esta gracia permanece latente hasta que pasas a la acción, hasta que pones manos a la obra, hasta que practicas tus creencias.

La fe y la creencia

Actuar según lo que crees libera el poder creativo de la fe.

> *Por eso os digo que todo lo que pidáis cuando oréis, creed que lo recibiréis y lo tendréis.*
>
> Marcos 11:24

Orar con fe sin actuar luego como si tus oraciones hubieran sido atendidas no es fe. Es duda. Es incredulidad.

El poder creativo de la fe sólo puede expresarse por la propia actuación convencida. Sólo recibirás lo que crees que recibes porque lo que realmente crees siempre fomentará una actuación por tu parte, y esa actuación interpelará a la fe para traer a tu vida lo que crees.

> Jesús nos dice: *Si puedes creer, todo es posible para el que cree.*
>
> Marcos 9:23

Fuiste creado para creer. Vivimos cada día según determinadas creencias y por ellas recibimos beneficios o soportamos perjuicios. Lo que crees determina tus éxitos o tus fracasos.

Lo que crees es lo que ocupa tu corazón y tus pensamientos. Aquello en lo que te concentras se convierte en tu mentalidad, en tu núcleo estable y consolidado de pensamientos. Cada día te apoyas en ellos para actuar y producen ideas e imágenes negativas o positivas en tu corazón, que, a su vez, son el origen de tus palabras y acciones que, a la larga, determinan tu futuro.

Tu vida es un reflejo de todos esos pensamientos e imaginaciones consolidados.

El hombre bueno, del buen tesoro de su corazón, saca cosas buenas, y el hombre malo de su mal caudal saca cosas malas.

Mateo 12:35

Tus pensamientos son los cimientos de tu futuro, así que es necesario elegir cuidadosamente —conscientemente— los materiales de construcción que se utilizan. Lo que encuentras en tu corazón y en tu mente determinará lo que tu fe generará en tu vida.

Los "tesoros" de tu corazón o tus imaginaciones conforman tu sistema de creencias. Y nada es imposible para los que creen. Lo que crees conforma el campo de acción de la fe, para que pueda desplegar su efecto benéfico en tu vida.

Jesús dijo: *Que se haga conforme a vuestra fe* (Mateo 9:29). Lo que *se haga* para ti viene determinado por lo que proporciones a la fe para actuar en tu persona. Que sea bueno o malo lo que recibas, dependerá de lo que tú crees.

Recuerda que sólo recibes lo que crees que vas a recibir, según la ley de la fe (ver Rom. 3:27). Con esto puedes convencerte de lo importante que es practicar y entrenarse para *desechar... las imaginaciones, y toda altivez que se rebele contra el conocimiento de Dios, y llevar cautivo todo pensamiento a la obediencia de Cristo* (2 Cor. 10, 5).

En definitiva, al asumir las instrucciones de este libro como tu estilo de vida, experimentarás en ella la voluntad divina de que *prosperes en todo y tengas salud, así como prospera tu alma* (3 Juan 2).

www.ingramcontent.com/pod-product-compliance
Lightning Source LLC
Chambersburg PA
CBHW060506080526
44584CB00015B/1575